Bernd Flessner

Peter Schilling

Stefan Lohr

Der kleine Major Tom

Rettungsmission zum Pluto

Band 1: Völlig losgelöst

Band 2: Rückkehr zur Erde

Band 3: Die Mondmission

Band 4: Kometengefahr

Band 5: Gefährliche Reise zum Mars

Band 6: Abenteuer auf dem Mars

Band 7: Außer Kontrolle!

Band 8: Verloren im Regenwald

Band 9: Im Bann des Jupiters

Band 10: Im Sog des Schwarzen Lochs

Band 11: Wer rettet Ming und Hu?

Band 12: Plutinchen in Gefahr

Band 13: Die Wüste lebt

Band 14: Abenteuer im brennenden Eis

Band 15: SOS im Venusnebel

Band 16: Fehler im System

Weitere Abenteuer sind in Vorbereitung!

Bernd Flessner

Peter Schilling

Stefan Lohr

Rettungsmission zum Pluto

In Zusammenarbeit mit

DLR Deutsches Zentrum für Luft- und Raumfahrt

Ein besonderer Dank geht an
Herrn Dr. Volker Kratzenberg-Annies
für die fachliche Beratung seitens des DLR

TESSLOFF

FSC
www.fsc.org
MIX
Papier | Fördert gute Waldnutzung
FSC® C002795

1. Auflage 2023

Burgschmietstraße 2-4, 90419 Nürnberg

Text: Bernd Flessner
Cover- und Innenillustrationen: Stefan Lohr
Idee/Mitwirkung: Peter Schilling
Lizenz: MajorTon Entertainment KG
Major Tom und *Völlig losgelöst* sind Marken
der MajorTon Entertainment KG
Grafisches Konzept: Barbara Heinlein, Gestaltung: Uwe Herrlen
Lektorat: Anja Kunze, Bianca Linster

www.tessloff.com

ISBN: 978-3-7886-4217-4

Dieses Buch entstand in Zusammenarbeit mit dem
Deutschen Zentrum für Luft- und Raumfahrt (DLR),
das den Text auf fachliche Richtigkeit geprüft hat.

DLR Deutsches Zentrum
für Luft- und Raumfahrt

Inhalt

Wie alles begann

Der kleine Major Tom lebt zusammen mit seinem Vater, dem großen Major Tom, auf der Raumstation Space Camp 1. Seine Mutter arbeitet auch für die Weltraumagentur, ist aber nicht mit auf der Raumstation.

Stella ist seine beste Freundin und ebenfalls an Bord. Ihre Eltern sind bei der Bodenkontrolle beschäftigt. Plutinchen ist eine Roboterkatze und die treue Gefährtin von Tom und Stella. Gemeinsam erforschen sie das Weltall, beobachten die Erde und züchten Pflanzen an Bord der Raumstation. Eines Tages muss der große Major Tom unerwartet zum Mars fliegen und dort mithelfen, die Marsstation weiter aufzubauen.

Tom, Stella und Plutinchen bleiben in der Raumstation zurück und sind nun ganz auf sich alleine gestellt.
Doch auch ohne ihre Eltern sind sie erfolgreiche und begeisterte Forscher. Gemeinsam meistern sie den Alltag auf der Raumstation, lösen Probleme und genießen zwischendurch den Ausblick auf ihren Heimatplaneten Erde. Auf den verschiedenen Missionen erleben sie ein Abenteuer nach dem anderen und lernen immer wieder Erstaunliches und Interessantes über die Erde und das Weltall. Dabei helfen sie sich gegenseitig und geben auch in brenzligen Situationen niemals auf.

Vom Mond zum Pluto

„Und was machen wir jetzt?“, fragte der kleine Major Tom. „Endlich haben wir mal richtig viel Zeit auf dem Mond. Die Reparatur dauert bestimmt ein paar Tage.“

Der kleine Major Tom, Stella und Plutinchen saßen immer noch auf dem Mond fest. Der Hitzeschutzschild des Space Racers war beschädigt worden und sollte auf dem Mond repariert werden.

„Wie ich unsere Mannschaft kenne, dauert das nicht lange“, gab Toms Vater zu bedenken. „Aber bleiben könnt ihr natürlich trotzdem. Ich möchte euch gerne die neuen Räume unter der Mondoberfläche zeigen.“

„Aber erst trinken wir in Ruhe Tee“, meinte Stella.

Plötzlich hörte Toms Vater auf zu lächeln und machte ein besorgtes Gesicht.

„Was ist los, Papa?“, fragte der kleine Major Tom. „Schmeckt dir der Tee nicht?“

„Doch, der schmeckt mir“, antwortete sein Vater.

„Aber diese Nachricht, die schmeckt mir gar nicht."
Tom und Stella richteten ihre Blicke sofort auf das große Display neben der Essensausgabe, auf dem die neuesten Meldungen zu sehen waren. Auch das Eintreffen und der Start von Raumschiffen wurden hier angezeigt.
Ein Transporter mit Bauteilen wurde erwartet.
Aber das war nicht die Nachricht, die dem großen Major Tom Sorgen bereitete.
„Venetia? Wer oder was ist Venetia?", fragte Tom.
„Klingt nach einer italienischen Stadt", vermutete Stella.
„Das ist eine Raumsonde", erklärte Toms Vater. „Sie wurde gebaut, um den Pluto zu erforschen."
„Aber sie hat die Umlaufbahn verfehlt", las Stella auf dem Nachrichtendisplay. „Ein Fehler im Programm oder eine Steuerdüse, die versagt hat. Die Raumfahrtbehörde kennt die genaue Ursache noch nicht."

„Das ist nicht einfach, denn der Pluto ist derzeit 4,5 Milliarden Kilometer von uns entfernt. Ein Funksignal von dort bewegt sich zwar mit Lichtgeschwindigkeit, benötigt aber dennoch über vier Stunden bis zu uns“, wusste Plutinchen.
„Und so lange sind natürlich auch die Signale vom Kontrollzentrum zurück zur Sonde unterwegs. Klar, das macht die Sache kompliziert“, sagte Stella. „Ist die Sonde denn wichtig?“
„Für die Forschung ist sie sogar sehr wichtig“, erklärte Toms Vater. „Wir wollen nämlich mehr über die Plutoiden erfahren. Das sind die Zwergplaneten, die jenseits des Neptuns um die Sonne kreisen. Wir wissen noch viel zu wenig über sie.“
„Ich halte es für einen schweren Fehler, Pluto nicht als einen vollwertigen Planeten anzusehen“, fauchte Plutinchen.
„Ich weiß, er ist dein Lieblingsplanet“, schmunzelte Stella. „Weil du nach ihm benannt worden bist.“
„Ganz genau“, miaute die Roboterkatze. „Leider konnte ich Pluto noch nie besuchen.“
„Was passiert denn jetzt?“, fragte Tom.

„Die Sonde scheint noch um den Pluto zu kreisen, jedoch viel zu hoch“, entnahm Toms Vater dem Display. „Ihre Bahn ist instabil. Aber das ist im Moment nur eine Vermutung. Es wird befürchtet, dass sie sich nicht lange im Orbit halten wird und ins All davonfliegt. Das wäre schlimm, denn die Sonde war sehr teuer. Es hat viele Jahre gedauert, sie zu entwickeln.“
„Wie ist sie zum Pluto gelangt?“, wollte Tom wissen. „Mit einer Rakete?“
„Nein, wir haben sie durch ein Wurmloch geschickt“, antwortete sein Vater. „Weitere Sonden zu den Plutoiden sollen in den nächsten Jahren folgen.“
Tom und Stella sahen sich an und grinsten. Plutinchen machte große Augen, denn sie ahnte natürlich, auf welche Idee die beiden Kinder gekommen waren.
„Können wir uns nicht um Venetia kümmern?“, fragte Tom seinen Vater. „Für große Raumschiffe sind eure Wurmlöcher ja zu klein.“
„Aber nicht für unseren Space Racer“, lächelte Stella.
„Der allerdings im Moment nicht einsatzfähig ist“, entgegnete der große Major Tom. „Deshalb seid ihr ja auf dem Mond.“

„Mist! Das hatte ich ganz vergessen!“, schimpfte der kleine Major Tom. „Also können wir den Vorschlag auch vergessen.“
„Sieht so aus“, murmelte sein Vater, der seinen Blick nicht von dem großen Display lassen konnte. Noch immer wurde über die Raumsonde berichtet.
„Vergessen ist ein gutes Stichwort“, gab Stella zu bedenken. „Wir sollten nämlich nicht vergessen, einfach mal im Reparaturdock nachzufragen. Vielleicht sind sie dort schon fertig.“
„Eine gute Idee“, stimmte Tom zu. „Was meinst du, Papa?“
„Okay, ich frage mal nach“, antwortete sein Vater und aktivierte sein Astrofon: „Major Tom an Reparaturdock. John, wie weit seid ihr mit dem Space Racer?“
Es dauerte eine Weile, bis die Antwort kam.
„Es waren nur die Befestigungsbolzen betroffen“, berichtete eine Stimme. „Die haben wir auch schon ausgetauscht. Der Hitzeschild ist in Ordnung.
Wir brauchen noch etwa fünf Stunden für kleine Reparaturen, dann könnt ihr wieder starten.“
„Danke!“, nickte Toms Vater.

„Und, Papa? Was sagst du?“, fragte der kleine Major Tom.
„Lasst mich kurz nachdenken“, antwortete sein Vater und sah erneut auf das Display. Er hob die rechte Hand und strich sich damit über das Kinn. Auf seiner Stirn bildeten sich ein paar Falten.
„Und?“, mahnte sein Sohn.
„Okay, ich denke, es ist wirklich ein guter Vorschlag“, antwortete er schließlich. „Ich sehe keinen anderen Weg, die Sonde und damit die ganze Mission zu retten. Na ja, ist ja nicht das erste Mal, dass ihr uns helft. Das wird ja langsam peinlich. Macht euch startklar. Ich spreche gleich mal mit der Missionsleitung. Die werden sich wundern.“
„Orbital!“, freute sich Tom.
„Das ist ja ein Ding!“, jubelte Stella. „Zum Pluto!“
„Es geht tatsächlich zum Pluto?“, miaute Plutinchen. „Darauf habe ich gewartet, seit mein Chip aktiviert worden ist. Ich gehe sofort zum Space Racer und bereite alles vor.“
„Und wir verabschieden uns von Ming und Hu“, sagte Stella. „Die werden Augen machen!“

An den Rand des Sonnensystems

„Ist alles in Ordnung?“, fragte Stella, nachdem sie sich angeschnallt hatte.
„Der Space Racer ist einsatzbereit“, antwortete Plutinchen.
„Dann können wir mit dem Check beginnen“, sagte Tom, der bei diesem Flug als Pilot an der Reihe war.
„Stella an Mondbasis. Bin bereit zum Check.“
Auf einem Monitor vor ihr erschien wie immer eine Checkliste mit mehreren Punkten, die sie nun durchgehen und überprüfen musste.
„Treibstoff okay. Sauerstoff okay. Akkus geladen.“
Inzwischen hatten sie diesen Check schon so oft durchgeführt, dass er fast von selbst ablief. Auch benötigten sie immer weniger Zeit dafür.
„Stella an Bodenkontrolle. Wir sind jetzt startklar.“
„Ihr wisst ja Bescheid“, sagte der Mann von der Mondbasis. „Hier sind die Zielangaben. Die Wurmloch-Generatoren erzeugen das Wurmloch

erst, wenn ihr es fast erreicht habt."
„Zielangaben sind in den Bordcomputer eingegeben", bestätigte Plutinchen.
„Startfreigabe", sagte der Mann. „Guten Flug!"
„Danke", bestätigte Tom und hob langsam von der Plattform ab, die für Starts und Landungen eingerichtet worden war. Dank der geringen Schwerkraft des Mondes brauchte er nur wenig Energie. Erst als Tom hoch über der Mondbasis schwebte, zündete er die Haupttriebwerke. Tom, Stella und Plutinchen wurden in ihre Schalensitze gedrückt und konnten sich eine Weile kaum bewegen. Bald hatte das kleine Raumschiff ein ungeheures Tempo drauf.
„Das war gute Arbeit", sagte Tom zufrieden.
„Dort sind die Generatoren", meinte Stella und zeigte mit dem Finger durch die Scheibe.
„Sie sind noch nicht aktiviert", stellte Tom fest.

Aber in diesem Augenblick bildete sich in dem Kreis, den die Generatoren formten, das merkwürdige Gebilde, das wie eine große Linse aussah.
„Das Wurmloch!“, rief Stella begeistert.
Kaum war der Space Racer in das Wurmloch eingetaucht, da verschwand das Raumschiff, als hätte ein Zauberer einen Trick vorgeführt. Doch es war kein magischer Trick, sondern moderne Technik. Schon tauchte es aus dem Wurmloch, das in der Nähe von Pluto eingerichtet worden war, wieder auf. Das Wurmloch wurde gleich darauf wieder geschlossen. Zunächst sahen sie nur Sterne.
„Wo ist die Sonne?“, wunderte sich Stella. „Ach da. Sie ist von hier aus betrachtet nur noch ein heller Stern. So weit sind wir von ihr entfernt.“
„Und wo ist der Pluto?“, fragte Tom und blickte in alle Richtungen.
„Ich suche ihn auf dem Monitor“, sagte Stella. „Ah, ich habe ihn. Wir brauchen noch ein paar Minuten.“
„Ja, jetzt sehe ich ihn“, nickte Tom.
„Pluto. Ist das nicht der griechische Gott der Unterwelt?“, fragte sich Stella.

„Und des Reichtums", ergänzte Plutinchen.
„Wer ist bloß auf diesen Namen gekommen?", wollte Stella wissen. „Bestimmt ein Altertumsforscher."
„Nein, sondern Venetia Burney", erklärte Plutinchen. „Ein elfjähriges Mädchen aus England. Der Planet wurde 1930 von einem amerikanischen Observatorium entdeckt. Da sie keinen passenden Namen hatten, haben sie in Zeitungsartikeln um Vorschläge gebeten."
„Ich verstehe", lächelte Stella. „Und Venetia Burney hat gewonnen."
„Volltreffer", bestätigte Plutinchen.
„Kinder haben sich also schon immer für den Weltraum interessiert", freute sich Stella. „Wir sind gar nicht die ersten."
„Nein, ganz bestimmt nicht", schnurrte Plutinchen.

„Übrigens wurden später auch ein Asteroid und ein Krater auf Pluto nach ihr benannt. Sie heißen beide Burney. Außerdem hat sie Pluto immer als echten Planeten angesehen und nicht als Zwergplaneten."
„So richtig groß ist der aber wirklich nicht", meinte Tom, als sie sich Pluto näherten.
„Der Mond der Erde ist dreimal so groß", las Stella auf dem großen Display.
„Na und?", sagte Plutinchen. „Ich bin auch nicht besonders groß, aber ein vollwertiger Roboter."
„Stimmt", meinte Stella. „Schöner bist du auch. Seht euch den Pluto an!"
Sie näherten sich einer weißgrauen Kugel, die wie ein schmutziger Schneeball aussah.
„Das ist Charon!", rief Tom. „Plutos größter Mond."

„Charon umkreist Pluto nicht, sondern beide bilden ein Doppelsystem“, erklärte Plutinchen. „Pluto und Charon kreisen um einen gemeinsamen Mittelpunkt, der Baryzentrum genannt wird. Zu sehen ist es nicht, da sich dort kein Objekt befindet. Es ist eine Art unsichtbare Achse.“

„Pluto steht also nicht still?“, fragte Tom.

„Nein, auch er dreht sich im Kreis um diese unsichtbare Achse“, bestätigte Plutinchen.

„Spannend“, meinte Stella. „Noch spannender finde ich allerdings die Frage, wo Venetia ist.“

„Venetia! Natürlich!“, rief Tom.

„Was? Du hast die Sonde schon gefunden?“, freute sich Stella.

„Das nicht. Aber ich weiß jetzt, nach wem die Sonde benannt worden ist“, antwortete Tom. „Nach Venetia Burney!“

„Stimmt genau“, schnurrte Plutinchen. „Und jetzt suchen wir die Sonde. Auf dem Radar ist allerdings noch nichts zu sehen.“

„Hoffentlich ist sie nicht schon auf dem Weg in die unendlichen Weiten“, befürchtete Stella.

„Da wir keine Daten haben, wissen wir das nicht“, musste Plutinchen feststellen.
„Also los! Suchen wir sie!“, sagte Stella. „Fangen wir mit ihrer programmierten Umlaufbahn an.“
Tom wischte mit dem Finger über das Display und rief die gesuchte Umlaufbahn auf. Der Space Racer nahm eine Kursänderung vor und schwenkte in den Orbit ein. Gebannt starrten Tom und Stella auf das Radar.

„Da ist etwas!“, rief Tom. „Scheint nicht besonders groß zu sein.“
„Wir haben sie!“, strahlte Stella.
„Das ging aber schnell!“
„Ich empfange keine Signale“, dämpfte Plutinchen die Freude.
„Fliegen wir hin und schauen nach, ob es wirklich die Sonde ist“, meinte Tom, griff zum Joystick, verließ den Orbit und beschleunigte.
„Es ist klein, aber zu groß für die Sonde“, sagte Plutinchen.
„Bist du sicher?“, fragte Stella.
„Es ist ein Mond“, nickte Plutinchen.

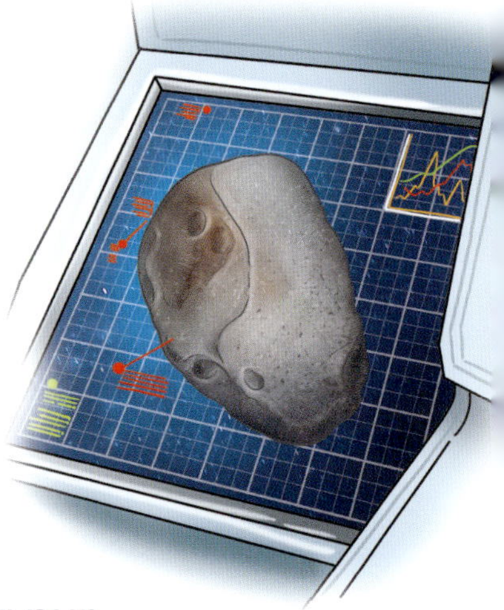

„Ein Mond?“, wiederholte Stella. „So klein?“

Langsam wurde das unbekannte Objekt größer. Es sah aus wie eine Kartoffel.

„Es ist Styx, der kleinste Mond Plutos“, stellte Plutinchen fest. „Er ist ungefähr 16 Kilometer lang, aber nur etwa neun Kilometer dick.“

„So ein Pech“, sagte Stella enttäuscht.

„Dass der Mond so unförmig ist?“, wunderte sich Tom.

„Nein, dass es nicht die Sonde ist“, murrte Stella.

„Ach so. Aber vielleicht versteckt sie sich hinter dem kleinen Mond“, gab Tom zu bedenken. „Wäre das möglich, Plutinchen?“

„Der Mond hat zwar nur eine geringe Schwerkraft, aber dennoch könnte er die Sonde eingefangen haben“, antwortete Plutinchen.

„Das sehen wir uns an“, sagte Tom und beschleunigte. Der längliche Mond wurde größer und war schnell umrundet.

„Auf dem Radar ist nichts“, bemerkte Stella. „Und zu sehen ist auch nichts. Fehlanzeige.“

„Welcher der fünf Monde ist uns am nächsten?“, fragte Tom.

„Nix, der drittgrößte Mond“, antwortete Plutinchen. „Seine Umlaufbahn liegt außerhalb der von Styx.“

„Nix? Dann nix wie hin!“, lachte Tom und sah auf das Display, um den Kurs bestimmen zu können. Der Space Racer beschleunigte wieder und flog eine Kurve. Es dauerte nicht lange und ein weiterer, schiefer Mond kam in Sicht.

„Nix ist rund 48 Kilometer lang und 33 Kilometer dick“, wusste Plutinchen.

„Das macht nix“, grinste Tom. „Wir sehen ihn uns trotzdem an.“

Er bremste den Space Racer ab und umkreiste den kleinen Mond ein paarmal.

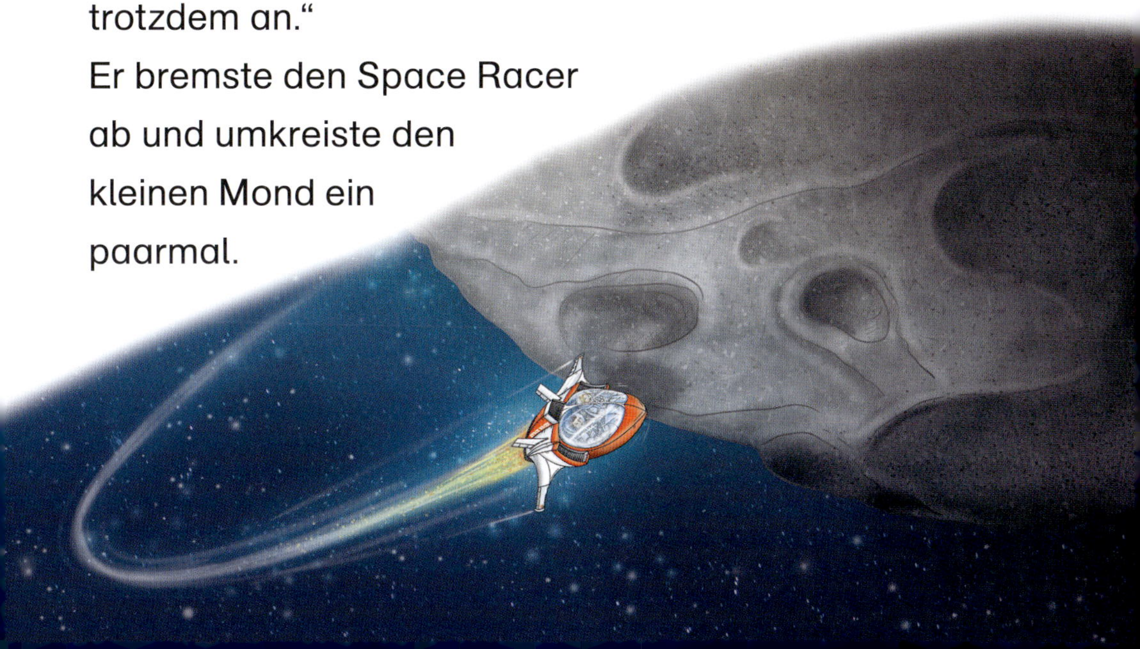

Doch von der Sonde fehlte jede Spur.
„Schade“, meinte Stella. „Fliegen wir zum nächsten Mond.“
„Kerberos“, stellte Plutinchen fest.
Wieder legte Tom den Kurs fest und flog eine weitere Kurve.
„Noch so eine Weltraumkartoffel“, sagte Stella, als sie den Mond in der Ferne aufspürte. „Krumm und schief wie die anderen.“
„Und 19 Kilometer lang, aber nur zehn Kilometer dick“, ergänzte Plutinchen.
„Aber wieder keine Sonde“, stöhnte Tom nach einer Umkreisung. „Wer ist jetzt an der Reihe? Langsam nervt mich diese Tour.“
„Sei froh, dass wir nicht beim Jupiter sind“, lachte Stella. „Da müssten wir 79 Monde abklappern.“
„Komisch. Plötzlich gefällt mir unsere kleine Tour wieder“, grinste Tom. „Wer kommt jetzt?“
„Hydra“, antwortete Plutinchen. „Er ist der zweitgrößte Mond Plutos und bewegt sich auf der äußersten Bahn. Hydra ist rund 50 Kilometer lang und 36 Kilometer dick.“

„Und vermutlich wieder eine Weltraumkartoffel“, meinte Stella.

„Allerdings“, bestätigte Plutinchen.

Tom änderte den Kurs. Diesmal dauerte es etwas länger, bevor der Mond in Sicht kam.

„Keine Sonde?“, fragte Tom nach einer Umkreisung.

„Keine Sonde“, nickte Stella.

Der Fährmann

„Immerhin haben wir jetzt alle Monde abgeklappert“, stellte Tom fest.
„Das haben wir nicht“, widersprach Plutinchen. „Charon, der größte Mond, der fehlt noch.“
„Okay, den habe ich ganz vergessen“, gab Tom zu und bestimmte mit Hilfe des Displays den richtigen Kurs.
„Die letzte Weltraumkartoffel“, meinte Stella.
Doch auch diesmal widersprach die Roboterkatze: „Nein, denn Charon ist kugelrund.“
„Das verstehe ich nicht“, wunderte sich Stella. „Warum ist denn Charon keine Kartoffel?“
„Das liegt an der Schwerkraft“, erklärte Plutinchen. „Ist nämlich genügend Masse vorhanden, also genügend Steine und anderes Material, dann zwingt die Schwerkraft dieses Material dazu, eine Kugel zu bilden.“
„Verstehe“, sagte Tom. „Und reichen Material und Schwerkraft nicht aus, dann entstehen diese

Kartoffeln. Nur die größeren Körper werden bei ihrer Entstehung zu Kugeln."

„Wie auch Charon", fuhr Plutinchen fort. „Seine Kugelform ist zwar nicht perfekt, aber er hat es gerade so geschafft, keine Kartoffel zu sein. Sein Durchmesser beträgt etwa 1 200 Kilometer."

„Unser Mond hat einen Durchmesser von etwa 3 500 Kilometern", wusste Stella.

„Charon sieht Pluto ganz ähnlich", meinte Stella. „Das ist auch ein schmutziger Schneeball."

„Er wurde nach Charon benannt, dem Fährmann aus der griechischen Sage, der die Toten über den Fluss Styx ins Totenreich fährt", erklärte Plutinchen.

„So sieht der auch aus", nickte Tom. „Der Name ist gut gewählt. Fast die ganze Oberfläche ist grau. Passt perfekt zur Unterwelt."

„Ob wir die Sonde hier irgendwo finden?", fragte Stella.

„Vielleicht versteckt sie sich hinter Charon", vermutete Tom. „Sie könnte den Mond so umkreisen, dass sie im Moment auf der Rückseite ist. Wir können sie also weder sehen noch orten. Aber wir erwischen sie schon."

„Wie willst du das machen?", fragte Stella.

Während Stella und Plutinchen sich ansahen und nicht genau wussten, was Tom vorhatte, wählte er eine niedrigere Umlaufbahn und beschleunigte den Space Racer. Plötzlich wurden sie tief in die Sitze gedrückt.

„Halt!“, rief Plutinchen, doch Tom schob den Regler weiter nach oben und beschleunigte.

„So schnell wie wir kann die Sonde gar nicht sein“, lachte Tom.

„Stopp!“, rief Plutinchen. „Das ist gefährlich! Du musst sofort bremsen!“

„Wir haben sie ja gleich. Wo hält die sich bloß versteckt?“, rätselte Tom.

„Nicht hier!“, rief Stella. „Jetzt bremse endlich ab! Mir wird schlecht!“

„Okay“, gab Tom schließlich nach und verlangsamte den Flug.

„Hier ist die Sonde nicht“, erklärte Plutinchen. „Die hätten wir längst aufgespürt. Dazu hätte es übrigens ausgereicht, Charon einfach nur zu beobachten.“

„Da hätten wir ja ewig warten können“, sagte Tom enttäuscht.

„Es hätte nicht lange gedauert“, entgegnete Plutinchen. „Und ungefährlicher wäre es auch gewesen.“
„Wie geht es jetzt weiter?“, fragte Tom kleinlaut.
„Wir setzen alle unsere Suchinstrumente ein“, antwortete Plutinchen. „Die Sonde könnte auf Charon oder Pluto zerschellt sein. Oder sie wurde ins All geschleudert. Weitere Möglichkeiten sehe ich im Moment nicht.“
„Gut, dann fangen wir mit Charon an“, entschied Stella. „Diesmal fliegen wir aber langsam. Unsere Instrumente tasten die Oberfläche ab. Plutinchen berechnet einen passenden Kurs.“
„Schon passiert“, miaute die Roboterkatze.
Tom wählte eine andere Umlaufbahn, die sich bei jeder weiteren Umkreisung etwas verschob. Seine Finger huschten über das Display und aktivierten das Radar und andere Suchinstrumente.
„Jetzt bin ich aber gespannt“, sagte Stella und starrte auf das Display. „Nichts. Nicht einmal ein Piepsen.“
Dabei blieb es. Sie brauchten acht Umkreisungen, um die gesamte Oberfläche von Charon zu erfassen.

Tom und Stella machten mürrische Gesichter.
„Kümmern wir uns um Pluto“, sagte Tom und gab einen neuen Kurs ein. „Vielleicht haben wir dort mehr Glück.“
„Eine Suche im All ist immer eine schwierige Aufgabe“, erklärte Plutinchen.
„Wir geben nicht so schnell auf“, erwiderte Stella.

Der Flug dauerte nicht lange, dann begann der Space Racer mit den Umkreisungen, um nach und nach die gesamte Oberfläche abzutasten. Doch schon nach der ersten Umkreisung meldete sich der Bordcomputer: „Objekt erfasst.“
„Es ist in der Nähe vom Äquator“, sagte Tom und vergrößerte das Bild, das die Bordkamera gemacht hatte. Der Computer hatte dort etwas Ungewöhnliches aufgespürt.
„Es glitzert“, staunte Stella. „Fast wie ein Spiegel.“
„Los! Fliegen wir hin!“, schlug Tom vor. „Plutinchen?“
„Selbstverständlich! Endlich landen wir auf dem Pluto!“, freute sich Plutinchen. „Ich berechne den Kurs.“

Glatteis auf Pluto

Nach zwei weiteren Umkreisungen bremste der Space Racer ab und trat in die sehr dünne Atmosphäre ein, die vor allem aus Stickstoff besteht. Da sie noch viel dünner ist als die Marsatmosphäre, wurden sie nicht durchgeschüttelt. Tom flog eine elegante Kurve und setzte dann auf der grauen, matt schimmernden Oberfläche auf.

„Sieh dir mal die Temperatur an“, sagte Stella.

„Minus 232 Grad Celsius“, las Tom mit großen Augen vom Display ab. „Ziemlich frisch, würde ich sagen. Wir sollten uns warm anziehen.“

„Wir haben doch unsere Raumanzüge“, lächelte Stella. „Die halten schon etwas aus.“

„Die schon“, gab Plutinchen zu bedenken. „Aber die Akkus sind empfindlich gegen Kälte. Und sie müssen die Anzüge heizen. Das kostet viel Energie.

Wir können nur für eine begrenzte Zeit das Raumschiff verlassen. Das gilt sogar für mich."

Tom und Stella überprüften ihre Raumanzüge und die Verschlüsse ihrer Helme. Alles war in Ordnung. Anschließend glich Tom den Druck aus und öffnete vorsichtig die Haube. Nach einem Hüpfer standen sie auf dem Pluto. Der Pluto besaß noch weniger Schwerkraft als der Mond.

„Das ist Eis", stellte Tom fest. „Eis und Steine, so weit das Auge reicht."

„Sehr ungemütlich", meinte Stella.

„Fantastisch!", entgegnete Plutinchen. „Seht euch die tollen metallischen Farben an! Ein strahlender, glänzender Planet. Schaut auch mal nach oben. Man sieht jeden Stern. Und nach diesem tollen Planeten bin ich benannt worden."

„Ich weiß", nickte Stella. „Von meinem Vater. Er ist ein großer Fan von Pluto. Er war damals sehr enttäuscht, als Pluto nicht mehr als Planet eingestuft wurde, sondern als Zwergplanet."

„Er kennt sich eben mit Planeten aus und weiß, was gut ist", miaute Plutinchen. „Dein Vater hat Geschmack."

„Na ja“, meinte Tom. „Er war noch nie hier. Wir allerdings schon. Besonders einladend finde ich Pluto nicht.“

„Das kommt noch“, schnurrte Plutinchen und hüpfte los. „Suchen wir die Sonde.“

„Weit kann die nicht sein“, sagte Tom und sah auf sein Astrofon. „Da, es sind nur ein paar Meter. Hinter dem Hügel dort.“

Sie folgten Plutinchen und sprangen den Hügel hinauf.

„Das macht Spaß!“, lachte Stella.

„Orbital!“, freute sich Tom und riskierte einen großen Sprung. „Hier kann man ja …“

Weiter kam er nicht, denn er war auf dem Eis ausgerutscht, wirbelte ein paar Meter durch die dünne Atmosphäre und schlug Saltos.

„Hilfe!“, rief er ins Mikrofon, denn es dauerte, bevor er wieder den Boden erreichte.
„Vorsicht!“, mahnte Plutinchen. „Passt auf eure Raumanzüge auf! Die sind sehr stabil, aber nicht unzerstörbar.“
Ohne jedes Geräusch landete Tom wieder auf dem Boden, hob aber gleich wieder ab, bevor er endgültig liegen blieb.
„So ein Mist!“, schimpfte er, stand auf und prüfte mit dem Astrofon den Druck. Aber sein Anzug hatte die Landung gut überstanden.
Mit vorsichtigen Schritten erreichten sie den Gipfel des kleinen Hügels und sahen sich um.
„Da ist es“, sagte Stella. „Aber was ist es?“
„Das sieht merkwürdig aus“, meinte Tom. „Ist das Metall?“
„Wie eine Sonde sieht das nicht aus“, stellte Tom fest.
„Vielleicht ein Ufo? Ein fremdes Raumschiff?“, vermutete Stella. Sie bewegte sich langsam rückwärts und suchte nach einer Deckung. Tom folgte ihr und ging in die Knie.
„Was meinst du, Plutinchen?“, fragte Stella.

„Eine glatte Oberfläche spiegelt das Sonnenlicht“, antwortete Plutinchen. „Doch erkennen kann ich die Oberfläche auch nicht. Es könnten die Sonnensegel der Sonde sein.“
„Also doch kein Ufo“, sagte Tom erleichtert und zog sich ein Stück nach vorne, um besser sehen zu können.
„Es sei denn eines mit Sonnensegeln“, bremste ihn Stella. „Auch Aliens könnten diese Technologie nutzen.“
Erschrocken rutschte Tom wieder ein Stück zurück. Doch der Schwung war für die geringe Schwerkraft zu groß. Es gelang ihm noch, nach Stella zu greifen, er sauste aber trotzdem wie ein Schlitten den Hügel hinunter. Am Fuß des Hügels blieb er jedoch nicht liegen, sondern wurde in die Höhe katapultiert. Neben ihm drehte Stella einen Looping, denn er hatte sie mitgerissen. Nach kurzem Flug blieb er endlich liegen. Als er aufstehen wollte, kam Stella auf ihn zu und landete auf seinem Bauch. Zum Glück waren sie viel leichter als auf der Erde. Dennoch spürte er ihre Landung.
„Aua!“, rief er ins Mikrofon.

„Selber schuld“, maulte Stella und krabbelte von ihm herunter. „Du hast mich doch den Hügel heruntergezogen.“
„Aber doch nicht mit Absicht“, rechtfertigte sich Tom und stand vorsichtig auf.
„Was macht ihr denn da?“, fragte Plutinchen, die mithilfe ihrer Düsenpfoten über ihnen schwebte.
„Die Olympischen Winterspiele sind doch längst beendet. Wollten wir nicht nach der Sonde suchen?“
„Der Boden ist so glatt“, erwiderte Tom. „Und wir sind zu leicht.“
„Los! Wieder nach oben!“, mahnte Stella.
Während Plutinchen einfach den Hügel hinaufflog, versuchten es Tom und Stella mit kleinen Sprüngen. Als sie fast oben waren, erwischte Stella einen losen Stein und verlor das Gleichgewicht.
„Hey!“, erschrak sie und machte eine Rolle rückwärts. Tom erschrak ebenfalls, rutschte mit dem rechten Fuß ab und hüpfte den Hügel hinunter wie ein Tennisball.
„Aua!“, schimpfte er und drehte sich zur Seite. Neben ihm lag Stella und sah ihn wütend an.

„Was für ein blöder Planet“, meckerte sie.
„Zwergplanet“, verbesserte Tom.
„Viel zu kleiner Planet“, meinte Stella.
Als sie wieder aufgestanden waren, kam Plutinchen angeflogen.
„Wo bleibt ihr denn?“, fragte sie verwundert. „Die Sonde ist auf der anderen Seite.“
„Das wissen wir“, brummte Tom.
„Was sucht ihr dann hier?“, staunte Plutinchen.
„Das Gleichgewicht“, antwortete Stella.
„Jetzt kommt endlich“, mahnte die Roboterkatze.
„Unsere Akkus halten nicht ewig. Wir haben sie vor dem Start nicht genügend aufgeladen.“
Tom und Stella standen auf und hüpften noch vorsichtiger. Diesmal gelang es ihnen, den Hügel zu bewältigen. Das unbekannte Objekt glitzerte noch immer. Stella zog ihr Fernglas aus einer Tasche.
„Das sind keine Aliens“, sagte sie nach kurzer Zeit.
„Das muss etwas anderes sein. Vielleicht wirklich unsere Sonde.“
„Akkus hin oder her, soll ich mal hinfliegen?“, fragte Plutinchen.

„Nein, wir sollten besser zusammenbleiben“, antwortete Stella.

„Unbedingt“, bestätigte Tom. „Womöglich will uns Pluto aufs Glatteis führen. Schauen wir nach.“

Mit möglichst kleinen Sprüngen verließen sie den Hügel und näherten sich dem sonderbaren Glitzern.

„Was denkst du?“, fragte Stella.

Tom sah durch sein Fernglas. „Das ist keine abgestürzte Sonde. Es müssten mehr Trümmerteile zu sehen sein. Und zwar überall zerstreut, weil die Schwerkraft so gering ist. Aber hier liegt weit und breit keine Schraube.“

„Meine Sensoren erkennen auch kein Metall“, meldete Plutinchen. „Dafür aber Stickstoff und Wasser.“

„Gleich sind wir da“, sagte Stella und machte größere Sprünge.

„Das ist Eis!“, stellte Tom fest. „Spiegelglattes Eis!“

„Auf Pluto ist das nichts Ungewöhnliches“, erklärte Plutinchen. „Viele Stellen sind hier so blank poliert. Das liegt daran, dass sich hier Eis ab und zu neu bildet.“

„Na, dann ist ja das Rätsel gelöst“, freute sich Stella und machte einen größeren Hüpfer. „Oh nein!“, rief sie, denn der Hüpfer trug sie bis zur glänzenden Fläche. Sie ruderte mit den Armen und landete auf dem Bauch. Wie ein Schlittschuh glitt sie über das Eis und drehte sich dabei auch noch. „Halt! Stopp!“, rief sie und versuchte aufzustehen. Doch ihre Füße fanden einfach keinen Halt und rutschten immer wieder weg. Beim zweiten Versuch schaffte sie es immerhin in eine aufrechte Position, lief aber auf der Stelle, ohne sich auch nur einen Zentimeter wegzubewegen. Wieder ruderte sie mit den Armen, als würde sie eine Windmühle spielen.
„Schneller!“, feuerte sie Tom an. „Du musst schneller laufen!“
„Das ist sinnlos!“, entgegnete Stella. „Ich bin zu leicht.“

In diesem Augenblick meldete sich das Astrofon mit einem roten Warnsignal. Toms Akku wurde schwach.
„Wir müssen zurück zum Space Racer“, sagte Tom.
„Versuche es mit Sprüngen!“
„Das hat auch keinen Sinn“, erwiderte Stella. „Ich finde keinen festen Halt, um mich abzustoßen.“
Jetzt meldete sich auch ihr Astrofon mit einem roten Signal und zeigte die geringe Ladung ihres Akkus an.
„Wenn ich zu dir komme, sitzen wir beide in der Falle“, meinte Tom. „Streusalz wäre jetzt nicht schlecht. Aber genau das haben wir vergessen.“
„Haben wir nicht ein Seil im Space Racer?“, fragte Stella.
„Haben wir, aber das dauert viel zu lange“, gab Tom zu bedenken.
Noch einmal versuchte Stella, die spiegelglatte Eisfläche zu verlassen. Auf allen vieren rutschte sie hin und her, ohne wirklich voranzukommen. Sogar mit Schwimmbewegungen versuchte sie es.
„Sinnlos“, seufzte sie. „Was sollen wir bloß machen?“
„Gar nichts“, antwortete Plutinchen und flog los.
„Meine Energie müsste gerade noch reichen.

Ich habe alles berechnet. Ich schiebe dich an.“ Plutinchen flog eine enge Kurve und landete auf Stellas Rücken. Ziehen konnte sie sie nicht, da sonst der Düsenstrahl ihren Helm getroffen hätte. Daher hakte sich Plutinchen am Versorgungsrucksack fest, streckte ihre Beine nach hinten aus und ließ die Funken sprühen. Langsam setzte sich Stella in Bewegung und rutschte auf dem Bauch von der spiegelglatten Eisfläche.

„Ich habe wieder Halt!“, rief sie schon nach wenigen Metern. „Danke, Plutinchen!“

Eingefroren

„Jetzt müssen wir uns aber beeilen“, sagte die Roboterkatze. „Und das bedeutet, dass wir uns langsam und vorsichtig bewegen müssen.“

Tom reichte Stella die Hand und half ihr beim Aufstehen.

„Okay, dann los!“, sagte sie. „Ich fühle schon, wie es kälter wird.“

„Ich auch“, gab ihr Tom recht.

„Die Energie wird jetzt vor allem für die Sauerstoffversorgung verwendet. Die Heizung fährt runter“, wusste Plutinchen. „Weiter. Über den Hügel.“

„Auch das noch!“, stöhnte Tom. „Der liegt mir irgendwie nicht.“

Tom und Stella hüpften mit kleinsten Sprüngen den Hügel hinauf.

„Ich bleibe hinter euch“, sagte die Roboterkatze. „Falls ihr ausrutscht.“

„Es wird immer kälter“, sagte Stella. „Das geht schneller, als ich gedacht habe.“

„Minus 220 Grad“, stimmte Tom ihr zu. „Das ist wirklich saukalt.“
„Plutokalt“, verbesserte Plutinchen. „Dafür haben wir den Gipfel erreicht. Dort hinten steht der Space Racer.“
Tom und Stella fingen an, zu bibbern und zu zittern, hüpften aber vorsichtig weiter.
„Hier ist der Boden nicht so glatt“, stellte Stella fest und drehte sich nach Plutinchen um. Sie flog nicht mehr hinter ihnen.
„Plutinchen? Wo bist du?“, rief Stella.
„Hier“, antwortete die Roboterkatze. „Zwölf Meter hinter euch. Ich muss laufen. Für die Raketendüsen reicht meine Energie nicht mehr aus.“
„Ist dir auch kalt?“, fragte Stella mit zitternden Lippen.
„Nein, ich spüre keine Kälte“, antwortete Plutinchen. „Aber ich spüre die sinkende Leistung des Akkus.“
„Ich hole dich!“, entschied Stella und hüpfte zurück.
„Nein, geh weiter zum Schiff!“, entgegnete die Roboterkatze mit leiser Stimme, aber Stella war schon bei ihr. „Die Kälte ist ...“

Stella bückte sich langsam und hob Plutinchen auf, deren Gewicht sie kaum spürte. Die Roboterkatze wirkte wie erstarrt. Stella setzte sofort zu größeren Sprüngen an.
„He? Was ist los?", fragte Tom, der von alledem nichts bemerkt hatte.
„Plutinchen ist eingefroren", antwortete Stella und hüpfte weiter.
„Was?", rief Tom und vergrößerte seine Sprünge.
Obwohl sie sich fast schon wie Eiszapfen fühlten, hüpften sie so schnell wie möglich zum Space Racer. Zum Glück war die Oberfläche hier nicht glatt, sodass sie schnell vorankamen.
Tom öffnete die Haube, kletterte in den Space Racer und nahm Stella die Roboterkatze ab. Stella folgte so schnell wie möglich, setzte sich und nahm Plutinchen auf den Schoß. Noch immer wirkte sie wie erstarrt.

Tom wischte über das Display und aktivierte alle Systeme. Dazu gehörte nicht nur der Luftdruck, sondern auch die Heizung. Dem Space Racer machte die Temperatur nichts aus, seine Akkus hielten viele Wochen durch. Schnell wurde es warm.
„Lebenserhaltungssysteme arbeiten normal. Luftdruck normal“, meldete der Bordcomputer. Tom und Stella konnten ihre Helme abnehmen.
„Plutinchen? Alles in Ordnung?“, fragte Stella und strich der Roboterkatze mit der Hand über den Kopf, behielt aber ihren Handschuh an. Noch immer rührte sich Plutinchen nicht.
„Wie kann die denn einfrieren?“, wunderte sich Tom. „Die düst doch sonst stundenlang durchs All?“
„Es muss am Akku liegen“, vermutete Stella. „Der ist zu alt. Oder er ist einfach kaputt.“
„He! Plutinchen!“, rief Tom. „Aufwachen!“
„Nichts“, seufzte Stella. „Wie ein Eisberg.“
In diesem Augenblick bewegte sich Plutinchen wieder und wachte aus ihrer Starre auf.
„He!“, strahlte Stella.
„Alles okay?“, fragte Tom.

„Alle Funktionen sind wieder fast normal“, antwortete Plutinchen. „Gebt mir schnell den Ersatzakku, den ich zu Weihnachten bekommen habe.“
„Sofort“, nickte Stella und tauschte mit wenigen Handgriffen den Akku aus. „Besser?“
„Ja“, miaute Plutinchen. „Meine Starre war nur eine Schutzmaßnahme. Nur mein Chip wurde noch mit Energie versorgt. Wie gut, dass ich immer Ersatzakkus dabeihabe. Denn dieser dort ist nicht mehr einsetzbar.“
„Habe ich doch gesagt“, meinte Stella. „Der Akku hat eine Macke.“
„Na, dann kann die Suche ja weitergehen“, sagte Tom erleichtert. „Aber wo sollen wir suchen?“
„Keine Ahnung“, gestand Stella.
„Aber ich! Nachdem die Sonde hier nicht ist, muss sie den Orbit von Pluto verlassen haben“, vermutete Plutinchen. „Ich habe den Bordcomputer verschiedene Möglichkeiten durchrechnen lassen. Ich frage gleich mal das Ergebnis ab.“
„Was sagt er?“, wurde Tom ungeduldig.
„Dass ich richtiggelegen habe“, antwortete Plutinchen.

„Der Computer hält es für sehr wahrscheinlich, dass die Sonde in den Kuipergürtel unterwegs ist. In Richtung Eris.“
„Eris?“, wiederholte Stella.
„Einer der vielen Zwergplaneten, die im Kuipergürtel zu finden sind“, wusste Plutinchen. „Mehrere Hunderttausend Objekte umkreisen dort die Sonne. Sie sind von der Entstehung des Sonnensystems übrig geblieben.“
„Mehrere Hunderttausend?“, wiederholte Tom staunend. „Die können wir aber nicht alle absuchen.“
„Das müssen wir auch gar nicht“, schnurrte Plutinchen. „Die Sonde ist ja ganz offensichtlich in Richtung Eris unterwegs.“
„Wie groß ist eigentlich Eris?“, wollte Tom wissen.
„Fast so groß wie der Pluto“, antwortete Plutinchen. „Und einen Mond hat Eris auch, Dysnomia heißt der.“
„Und ich dachte, hinter Pluto ist Schluss“, wunderte sich Stella. „Das Sonnensystem ist viel größer, als ich dachte. Und es gibt auch mehr Planeten.“
„Zwergplaneten“, verbesserte Plutinchen. „Toms Vater hatte auch schon davon gesprochen, dass es hinter

Pluto noch mehr Planeten gibt. Nämlich eine ganze Reihe. Haumea, Makemake, Gonggong, Quaoar, Sedna, Orcus, Salacia. Wie viele es genau sind und ob auch sehr große noch dabei sind, wissen wir nicht. Unsere Teleskope reichen nicht so weit. Und das Sonnenlicht ist dort auch nur ganz schwach. Also werfen die Zwergplaneten zu wenig Licht zurück, um sie leicht entdecken zu können."

„Die im Dunkeln sieht man nicht", summte Tom. „Das singt mein Vater immer."

„Den Song kenne ich nicht", gab Stella zu. „Aber es stimmt auf jeden Fall. Hier liegt einiges im Dunkeln. Auch unsere Sonde. Wie weit ist es eigentlich bis zu Eris?"

„Viel zu weit", sagte Plutinchen. „Ohne Wurmloch haben wir da keine Chance. Doch so weit müssen wir gar nicht fliegen. Die Sonde ist nicht schnell."

„Aber der Space Racer", grinste Tom. „Hast du schon einen Kurs?"

„Ja, wir können starten", schnurrte Plutinchen.

Tom und Stella schnallten sich an, führten einen kurzen Check durch und hoben ab.

Als sie den Orbit erreicht hatten, schoss der Space Racer ins Nichts. Denn abgesehen von den Sternen war nichts zu sehen. Dafür wurden sie wieder einmal in die Sitze gedrückt.
„Auf dem Radar ist auch noch nichts", sagte Stella nach einiger Zeit enttäuscht.
„Wartet es ab", tröstete sie Plutinchen. „Die Sonde wird irgendwann in Reichweite kommen."

Doch nach drei Stunden war auf dem Radarschirm noch immer nichts zu sehen. Tom und Stella machten lange Gesichter.
„Nur Geduld", miaute Plutinchen.
„Wir müssen auch noch zurück zum Wurmloch", gab Tom zu bedenken.
„Ich weiß", stimmte Plutinchen zu. „Aber wir sind nicht zum Spaß hier."
Wieder passierte lange Zeit nichts.
„Halt! Da ist etwas!", schreckte plötzlich Stella auf und zeigte mit dem Finger auf das Radarbild.

„Venetia!“, strahlte Tom und änderte den Kurs. „Jetzt haben wir sie!“
„Da ist noch ein Signal!“, staunte Stella. „Was ist denn das? Gleich zwei Sonden?“
„Nein, das muss ein kleines Objekt aus dem Kuipergürtel sein“, vermutete Plutinchen.
„Und da ist noch eines“, schnaufte Stella.
„Na, die unzähligen Objekte müssen ja irgendwo sein“, meinte Tom. „Wir sind gleich da.“
„Alarm! Nähern uns unbekanntem Objekt. Ausweichmanöver dringend erforderlich“, meldete sich die Stimme des Bordcomputers.
Stella starrte auf das Radarbild und rief: „Backbord!“
„Ich habe es“, bestätigte Tom. „Ein schiefer Berg. Ich weiche aus.“
„Alarm! Nähern uns unbekanntem Objekt. Ausweichmanöver dringend erforderlich“, meldete sich die Stimme des Bordcomputers erneut. Stella wurde auch schnell fündig.
„Steuerbord!“, rief Stella.
„Das ist nur ein Felsen“, meinte Tom. „Und noch sehr weit weg.“

„Heute ist wieder mal viel los im Kuipergürtel“, meinte Stella, die auf dem Radarbild weitere Punkte erkannte. „Hoffentlich ist die Sonde auch dabei.“

„Wir versuchen es mal mit einem Funksignal“, meinte Tom. „Vielleicht antwortet sie ja. Plutinchen?“

„Ist schon erledigt“, bestätigte die Roboterkatze.

„Und? Was ist?“, fragte Stella.

„Nichts“, antwortete Plutinchen.

„Versuch es weiter!“, sagte Tom.

„Wird erledigt“, miaute Plutinchen.

Nachdem Tom ein weiteres Mal den Kurs geändert hatte, tauchten neue Punkte auf dem Radarbild auf.

„Die Sonde antwortet“, schnurrte Plutinchen. „Jetzt können wir sie auch orten. Aus der Laufzeit des Signals kann ich die Entfernung berechnen und mit den Objekten vergleichen, die das Radar erfasst hat. Ich habe sie! Wir sind gleich da. Hier kommt der neue Kurs.“

Tom änderte umgehend den Kurs und sah immer wieder auf den Radarschirm.

„Sie versteckt sich hinter den anderen Objekten“, sagte er.

„Und das sind nicht wenige“, meinte Stella. „Sei vorsichtig!“
„Keine Sorge“, nickte er und drückte den Joystick zur Seite, um einem dicken Felsen auszuweichen. „Slalom ist meine Spezialität.“
„Steuerbord!“, rief Stella, denn sie schossen auf einen weiteren Brocken zu.
„Backbord!“, rief Plutinchen, denn auch links tauchte ein mächtiger Berg auf.
Tom musste den Joystick unentwegt in Bewegung halten, um allen Hindernissen auszuweichen. Auf seiner Stirn bildeten sich kleine Schweißperlen. Stella ließ ihre Augen nicht vom Radarschirm. Es kam nicht nur darauf an, den Brocken auszuweichen, sondern auch, der Sonde zu folgen.
„Und das ist alles übrig geblieben, als das Sonnensystem entstanden ist?“, staunte Stella.
„Ja, vor 4,6 Milliarden Jahren“, erklärte Plutinchen. „Am Anfang waren hier nur Gase und Staub. Aufgrund der Anziehungskräfte haben sich daraus immer größere Objekte gebildet und sind dabei in Bewegung um einen Mittelpunkt geraten.“

„Die Sonne“, nickte Stella.
„Genau“, schnurrte Plutinchen. „In ihrer Nähe haben sich Gesteinsplaneten gebildet, also Merkur, Venus, Erde und Mars, auch als innere Planeten bekannt. Weiter draußen die großen Gasplaneten, also Jupiter, Saturn, Uranus und Neptun, die äußeren Planeten.“
„Was ist mit dem Asteroidengürtel?“, fragte Stella.
„Zwischen Mars und Jupiter hat sich kein Planet bilden können“, wusste Plutinchen. „Die Anziehungskräfte von Jupiter waren einfach zu groß. Damit hat er praktisch alle Materie in seiner Nähe in Stücke gerissen. Es hat nur für den Zwergplaneten Ceres und ein paar größere Asteroiden wie Vesta oder Pallas gereicht, die jedoch zu klein sind, um kugelförmig zu sein. Insgesamt gibt es weit über eine Million Objekte im Asteroidengürtel. Sie alle zusammen haben nur einen Bruchteil der Masse unseres Mondes.“
„Und der Kuipergürtel?“, fragte Stella, während Tom weiterhin auf Slalomkurs war. „Ist das auch so eine Art Asteroidengürtel?“
„Ja, so kann man es sagen“, antwortete Plutinchen.

„Auch hier haben verschiedene Kräfte verhindert, dass sich große Planeten gebildet haben. Wie viele Planeten es genau sind, wissen wir nicht. Durch das geringe Sonnenlicht ist es schwer Entdeckungen zu machen."

„Aber nicht hier!", stöhnte Tom und flog eine Kurve, um einer großen Kartoffel auszuweichen. „Hier passieren sie ganz von alleine. Da kommt schon wieder eine!"

„Die Sonde!", lachte Stella. „Venetia! Da ist sie!"

„Sie trudelt. Was ist bloß mit ihr passiert?", rätselte Tom.

„Das werden wir gleich wissen", miaute Plutinchen.

Tom bremste den Space Racer ab und näherte sich langsam der vermissten Sonde.

„Die ist ja so groß wie der Space Racer", stellte er überrascht fest. „Aber wir werden sie trotzdem abschleppen."

„Aber nicht mit dem Greifarm", warnte Stella. „Der ist zu kurz und zu klein für dieses Riesending."

„Dann nehmen wir das Rettungsseil", stimmte Tom zu und schloss seinen Helm. „Ich fliege so nah wie möglich heran. Dann steigen wir kurz aus und nehmen die Sonde an den Haken. Danach kann Plutinchen mal nachschauen."

„Innendruck auf null, wir können aussteigen", meldete Stella und öffnete die untere Luke.

Tom und Stella lösten das Rettungsseil aus der Verankerung. Es bestand aus besonderen Nanofasern und war extrem reißfest. Nacheinander verließen sie den Space Racer und schwebten zur nun nicht mehr vermissten Sonde.

„Hake das Seil an einem der Sicherheitsgriffe der Sonde ein", schlug Plutinchen vor. „Die halten das aus."

„Wird gemacht“, sagte Tom und klinkte den Haken des Seils ein, das sich schnell straffte.
„Perfekt!“, lobte Plutinchen. „Ich mache mich gleich an die Arbeit.“
„Und wir kehren zum Space Racer zurück“, funkte Stella. „Die Sonde zieht ganz schön. Nicht, dass sie noch den Space Racer abschleppt.“

Kaum waren Tom und Stella wieder im Cockpit, fragte Tom: „Was meinst du, Plutinchen? Bestimmt ist es die Software. Das Programm ist gestört.“
„Nein“, entgegnete Plutinchen. „Das Programm scheint in Ordnung zu sein. Es ist eine der

Steuerdüsen. Ich vermute, sie ist von einem Objekt getroffen und beschädigt worden. Das hat die Sonde aus der Bahn geworfen. Auch ihre Antenne scheint etwas abbekommen zu haben."

„Kannst du das reparieren?", fragte Stella.

„Ich kann es versuchen", nickte Plutinchen, stapfte auf der großen Sonde herum und sah sich den Schaden an.

„Ein Kabel hat es auch erwischt", meldete sie. „Aber das kann ich alles reparieren. Wozu habe ich einen Laser und meine Klebstoffspucke? Geht ihr schon mal auf Gegenkurs."

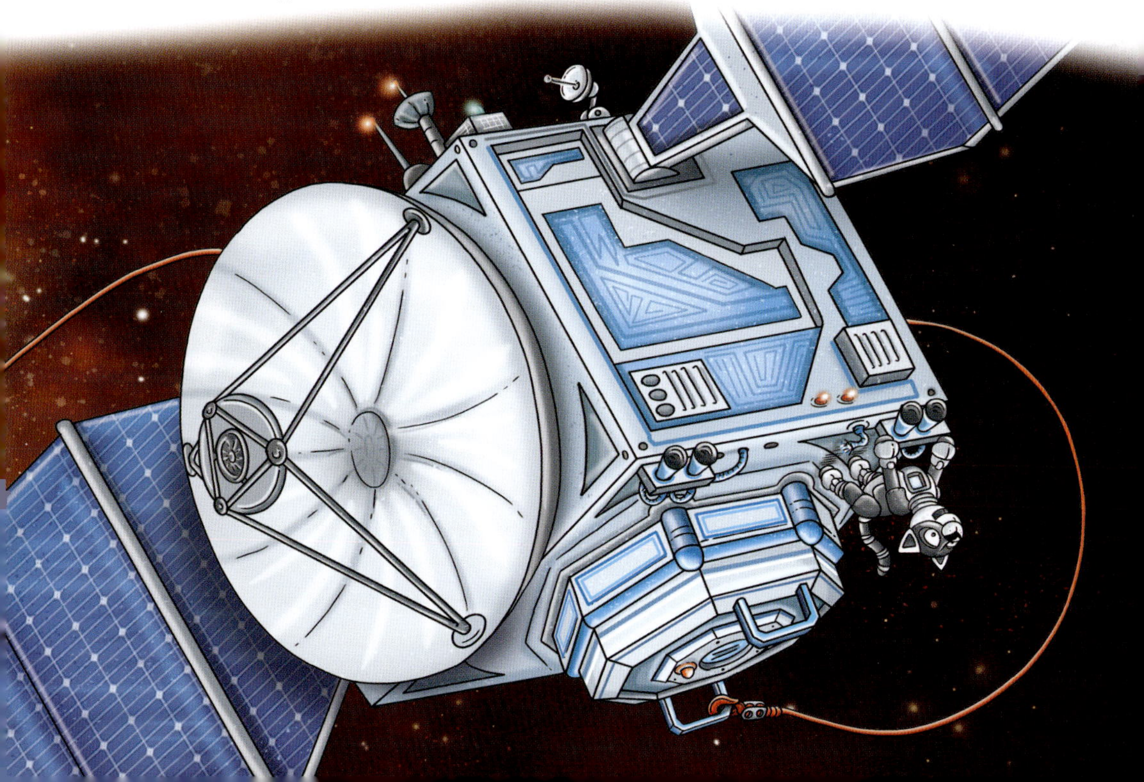

Tom flog vorsichtig eine lang gezogene Kurve, damit Plutinchen nicht ins All geschleudert wurde, und beschleunigte dann langsam. Für Plutinchen stellte sich so Erdenschwere ein. Sie stand auf der Sonde, als würde sie auf der Erde stehen.

„Wie sieht es aus?“, fragte Stella.

„Sehr gut!“, antwortete Plutinchen. „Ich habe die Sonde abgeschaltet und das Kabel geflickt. Jetzt noch die Antenne und die Steuerdüse. Wir schalten sie aber erst ein, wenn wir Pluto erreicht haben.“

„Okay“, freute sich Tom und wollte den Erfolg schon per Funk seinem Vater melden. Aber das war nicht möglich. Die Funksignale würden viel zu lange unterwegs sein.

„Was macht die Düse?“, fragte Stella ungeduldig.

„Sie wird nicht perfekt, aber sie lässt sich nun wieder bewegen“, antwortete Plutinchen. „Das muss reichen. Jetzt noch die Antenne, dann kann Venetia die gesammelten Daten und Fotos zur Erde funken.“

Zweimal musste Tom noch großen Weltraumkartoffeln ausweichen, dann kam Pluto in Sicht.

„Alles klar?“, sprach er ins Mikrofon.

„Erledigt“, meldete Plutinchen. „Auch die Antenne ist nicht perfekt, aber sie wird funktionieren. Ich komme zurück.“

Kurz darauf saß die Roboterkatze wieder in ihrer Sitzschale.

„Du bist die Beste!“, lobte Stella.

„Jetzt brauchen wir noch einen neuen Kurs und den genauen Zeitpunkt, wann wir Venetia ausklinken können.“

„Wird schon berechnet“, miaute Plutinchen. „Hier kommen die Angaben zur Umlaufbahn.“

Tom schwenkte in den Orbit ein und wartete auf Plutinchens Signal. Nach zwei Umkreisungen kam es: „Jetzt!“

Stella öffnete per Funk den Haken des Rettungsseils und die Sonde löste sich vom Space Racer.

„Ich sende jetzt das Funksignal, das die Sonde wieder aktiviert“, meldete Plutinchen. Gebannt schauten Tom und Stella auf Venetia, deren Steuerdüsen plötzlich kleine Feuerstöße von sich gaben.

„Es hat funktioniert“, freute sich Tom. „Sie sucht die programmierte Position. Wir haben es geschafft!“

Der kleine Major Tom

Logbuch

Rettungsmission zum Pluto // Eintrag 1

Ich habe mal nachgesehen, wie lange Pluto als Planet gegolten hat. Entdeckt wurde er am 18. Februar 1930 auf mehreren Fotografien. Dabei wäre er auch schon auf anderen Fotos von 1914 zu sehen gewesen. Erst 1930 fiel den Astronomen ein kleiner, leuchtender Punkt auf. Bis zum 24. August 2006 war Pluto der neunte Planet des Sonnensystems. An diesem Tag hat eine Konferenz der Internationalen Astronomischen Union (IAU) entschieden, dass Pluto zu den Zwergplaneten zählt. Er gehört seitdem zu einer Gruppe von Himmelskörpern, die außerhalb der Bahn Neptuns die Sonne umkreist. Es gibt auch noch andere Zwergplaneten wie Eris, Haumea oder Makemake.

Rettungsmission zum Pluto // Eintrag 2

Die erste Raumsonde, die den Pluto erreicht hat, war New Horizons, die von der NASA gebaut wurde. Sie wurde 2006 gestartet und erreichte am 14. Juli 2015 Pluto. Dort machte sie sensationelle Aufnahmen und führte verschiedene Untersuchungen durch. Anschließend wurde ein neues Ziel für die Sonde gesucht. Die Forscher entschieden sich für einen erst 2014 entdeckten Asteroiden, der den Namen Arrokoth mit der Bedeutung „Himmel" erhielt. Im Januar 2019 erreichte New Horizons den fast 32 Kilometer langen Asteroiden und machte auch dort bahnbrechende Fotos. Arrokoth besteht nämlich nicht aus einem, sondern aus zwei nicht ganz kugelförmigen Körpern. Forscher vermuten, dass die beiden Körper irgendwann einmal ganz langsam zusammengestoßen und dabei nicht zerbrochen sind. Sie sind nur aneinander kleben geblieben.

Rettungsmission zum Pluto // Eintrag 3

Der Kuipergürtel verdankt seinen Namen dem amerikanischen Astronomen Gerard Peter Kuiper. Geboren wurde er allerdings in den Niederlanden und hat daher auch einen niederländischen Namen. Eigentlich heißt er nämlich Gerrit Pieter Kuiper. Aber das war in den USA nicht so leicht auszusprechen. Also hat er seinen Namen ein wenig geändert. Bereits 1951 hatte Kuiper angenommen, dass es jenseits der Bahn des Neptuns eine große Ansammlung von Material aus der Entstehungszeit des Sonnensystems gibt. Diese Annahme hat sich später als richtig erwiesen und daher hat man dieser Ansammlung den Namen Kuipergürtel gegeben.

„Das Universum ist groß, die Erde unser Zuhause."

Peter Schilling

Die Kreativ-Crew rund um den kleinen Major Tom

© Kurt Fuchs

Bernd Flessner ...

... hat am 24.11.1957 Geburtstag. Er wurde in Göttingen geboren, ist aber am Meer aufgewachsen. Seine Lieblingsfarbe ist Rot. Am liebsten schreibt er Bücher für Erwachsene und Bücher für Kinder. Wenn er mal gerade nicht schreibt, dann kocht er. Sein Lieblingsgericht ist selbst gemachte Lasagne. Bernd Flessner ist ein begeisterter Zukunftsforscher, ihn interessiert alles, was mit Raumfahrt und Weltall zusammenhängt. Sein größter Wunsch wäre es, einmal zum Mars zu fliegen (und zurück natürlich, damit er von seinem Abenteuer berichten kann).

© Stefan Lohr

Stefan Lohr ...

... hat am 5.5.1972 Geburtstag. Er wurde in Leutkirch geboren und lebt heute in Ravensburg. Seine Lieblingsfarbe ist Blau. Und am liebsten illustriert er Bücher für Kinder. Wenn er Zeit hat, dann fährt er gern Achterbahn. Am liebsten mit Doppellooping. Sein größter Wunsch wäre es, einmal mit Major Toms Space Racer ein paar Loopings im Weltall zu drehen.

Peter Schilling

Wer kennt nicht „Major Tom (völlig losgelöst)“ und hat dazu schon mal ordentlich abgetanzt?
Der Sänger und Songschreiber Peter Schilling, von dem dieser und noch viele andere Songs stammen, hatte die geniale Idee, die Geschichte aus dem weltbekannten Lied weiterzuerzählen – und zwar als Geschichte für Kinder.
Er ist, wie er sagt, im Herzen ein Kind geblieben und hat so die Idee zum kleinen Major Tom, Stella und Plutinchen gehabt.
Und weil er den Autor und Weltraumfan Bernd Flessner kennengelernt hat, sind daraus Geschichten entstanden.
Peter Schilling möchte gerne, dass Kinder die Möglichkeit bekommen, so viel wie möglich über unsere Welt und das Universum zu erfahren.
Deshalb tauscht er sich gerne vor seinen Konzerten mit Kindern über das spannende Thema Weltraum aus.

Bisher erschienen:

Band 1: Völlig losgelöst
ISBN 978-3-7886-4001-9

Bd. 2: Rückkehr zur Erde
ISBN 978-3-7886-4002-6

Bd. 3: Die Mondmission
ISBN 978-3-7886-4003-3

Bd. 4: Kometengefahr
ISBN 978-3-7886-4004-0

Bd. 5: Gefährliche Reise zum Mars
ISBN 978-3-7886-4005-7

Bd. 6: Abenteuer auf dem Mars
ISBN 978-3-7886-4006-4

Bd. 7: Außer Kontrolle!
ISBN 978-3-7886-4007-1

Bd. 8: Verloren im Regenwald
ISBN 978-3-7886-4008-8

Bd. 9: Im Bann des Jupiters
ISBN 978-3-7886-4009-5

Bd. 10: Im Sog des Schwarzen Lochs
ISBN 978-3-7886-4010-1

Bd. 11: Wer rettet Ming und Hu?
ISBN 978-3-7886-4011-8

Bd.12: Plutinchen in Gefahr
ISBN 978-3-7886-4012-5

Bd. 13: Die Wüste lebt
ISBN 978-3-7886-4013-2

Bd. 14: Abenteuer im brennenden Eis
ISBN 978-3-7886-4014-9

Bd. 15: SOS im Venusnebel
ISBN 978-3-7886-4215-0

Bd. 16: Fehler im System
ISBN 978-3-7886-4216-7

Hörspiele:

Völlig losgelöst
ISBN 978-3-7886-4101-6

Rückkehr zur Erde
ISBN 978-3-7886-4102-3

Die Mondmission
ISBN 978-3-7886-4103-0

Kometengefahr
ISBN 978-3-7886-4104-7

Gefährliche Reise zum Mars
ISBN 978-3-7886-4105-4

Abenteuer auf dem Mars
ISBN 978-3-7886-4106-1

Außer Kontrolle!
ISBN 978-3-7886-4107-8

Verloren im Regenwald
ISBN 978-3-7886-4108-5

Im Bann des Jupiters
ISBN 978-3-7886-4221-1

Im Sog des Schwarzen Lochs
ISBN 978-3-7886-4222-8

Wer rettet Ming und Hu?
ISBN 978-3-7886-4225-9

Plutinchen in Gefahr
ISBN 978-3-7886-4226-6

Die Wüste lebt
ISBN 978-3-7886-7432-8

Abenteuer im brennenden Eis
ISBN 978-3-7886-7433-5

SOS im Venusnebel
ISBN 978-3-7886-7434-2

Download & Streaming
auf allen gängigen Portalen

Space School:

Bd. 1: Abenteuer Raumfahrt
ISBN 978-3-7886-4113-9

Bd. 2: Künstliche Intelligenz
ISBN 978-3-7886-4114-6

Bd. 3: Supermaterialien
ISBN 978-3-7886-4223-5

Bd. 4: Mobilität
ISBN 978-3-7886-4224-2